Falta de Ar
em
Plena Estação

Copyright do texto © 2012 Boaventura de Sousa Santos
Copyright da edição © 2012 Escrituras Editora

Todos os direitos desta edição cedidos à
Escrituras Editora e Distribuidora de Livros Ltda.
Rua Maestro Callia, 123 – Vila Mariana – São Paulo, SP – 04012-100
Tel.: (11) 5904-4499 – Fax: (11) 5904-4495
www.escrituras.com.br
escrituras@escrituras.com.br

Criadores da Coleção Ponte Velha: António Osório (Portugal) e Carlos Nejar (Brasil)

Diretor editorial: Raimundo Gadelha
Coordenação editorial: Mariana Cardoso
Assistente editorial: Ravi Macario
Capa, projeto gráfico e diagramação: Schäffer Editorial
Revisão: Jonas Pinheiro e Paulo Teixeira
Impressão: Graphium

Dados Internacionais de Catalogação na Publicação (CIP)
(Câmara Brasileira do Livro, SP, Brasil)

Santos, Boaventura de Sousa
  Falta de ar em plena estação / Boaventura de Sousa Santos. – São Paulo: Escrituras Editora, 2012. – (Coleção Ponte Velha)

  ISBN 978-85-7531-406-7

  1. Poesia portuguesa I. Título. II. Série.

12-10955   CDD-869.1

Índices para catálogo sistemático:
1. Poesia: Literatura portuguesa 869.1

Edição apoiada pela Direcção-Geral do Livro e das Bibliotecas/Portugal.

Impresso no Brasil
Printed in Brazil

Boaventura de Sousa Santos

Falta de Ar em Plena Estação

escrituras

São Paulo, 2012

Sumário

Estações provisórias ■ 9
Poemas indocumentados ■ 11
Uma mala chamada desejo ■ 13
Restaurante de conveniência ■ 14
Inesperada turbulência ■ 15
Se os alertas faltarem aos ensaios ■ 16
Perguntas-fantasma sobre
demónios em trânsito ■ 17
Interrupção exatíssima ■ 20
O touro confessa-se ■ 22
Catálogo de estações prisioneiras ■ 25
Suíte para órgão ■ 26
Ars moratoria ■ 28

Autodesviografias ■ 31
Repetitório ■ 33
Mãe ■ 42
Autorretrato a partir de materiais para
uma escultura de Pedro Cabrita Reis ■ 50
Autorretrato de um retrato ■ 53
Sobre o autor ■ 61

Estações
provisórias

Poemas indocumentados

Vamos ficar aqui
o tempo está bom
não tem havido desastres ilegais
não ouvimos gritos há várias horas
não temos horas certas
para nos candidatarmos a horários

Passamos despercebidos
é tudo

Vamos ficar aqui
não conhecemos este lugar nem sabemos onde fica
ninguém fala a nossa língua ou qualquer outra
os barulhos são estranhos
parecem silêncios do avesso
calamo-nos
para não parecer que falamos

Passamos despercebidos
é tudo

Vamos ficar aqui
não temos documentos
temos tudo o resto
menos a felicidade e a infelicidade
estavam em duas malas
levaram-nas para averiguações
pelo menos não nos obrigaram a decidir

Passamos despercebidos
é tudo

Vamos ficar aqui
os cães tratam-nos como iguais

há quanto tempo
não éramos tratados assim

Passamos despercebidos
é tudo

Vamos ficar aqui
as portas abrem-se e fecham-se
de par em par
devido ao excesso de identificação
escolhemos as esquinas
donde se veem melhor as portas de hoje
e as de amanhã

Passamos despercebidos
é tudo

Vamos ficar aqui
têm programas específicos
para não nos verem
peritos que nos desconhecem em detalhe
a polícia bate na falta de documentos
nunca em nós
as estatísticas por mais que busquem
não nos encontram
não sabem do nosso caso:
a vida e a morte registadas no mesmo ato

Aprendemos a viver exatamente

Passamos despercebidos
é tudo

Uma mala chamada desejo

Lembro-me da tua surpresa   Esperavas alguém   Não telefonara   Os telefones são demasiado exatos   Não era o meu jantar   Comemos o que não estava na ementa   As flores estariam ali há quanto tempo   Conversámos trivialidades   As manias de Mahler   Os poemas de Eduardo White   As crónicas de Monsivais   Tudo era familiar e estranho   Pediste licença para ir fumar   Fiquei à tua espera todo o inverno   Regressaste indecifrável   Vinhas de fora ou de dentro de casa   Em algum tempo devemos ter dormido juntos   A cama era enorme não deu para saber quem estava errado   Levantámo-nos ao mesmo tempo   Era tão grande a distância e espessa a penumbra que me impressionou a precisão dos gestos   Quem estaria a regressar   Estranha coincidência   Perguntavas por vizinhos que eu não conhecia   Falavas como se estivesses ferida por um deus violento   O jardim da casa era de pele e osso   Fiz um esforço genuíno para entender o que dizias   Consultei dicionários e letras obscuras   Era um desencontro concentrado num fantasma fértil ou disperso por várias ausências   Não me parece exagerado pedir que te identifiques mas também não me parece necessário que o faças   É teu costume estares ausente   Não espero que me satisfaças   Escrevo para me recompor do que me dizes

Restaurante de conveniência

Eu olho tu olhas   O restaurante cheio   Que belos candeeiros   Tira as cuecas   Entra fulano   Abre as pernas   Quero melão   Abre a braguilha   Caiu o guardanapo   Baixa-te   Lábios macios calor suave   O tempo está bom   Descalço os sapatos   Pode chover   Descalço as meias   Afinal o peixe é fresco   Reclino-me na cadeira   Meu pé avança   Olha a ementa enquanto o meu pé entra   Vinho alentejano   Abre os lábios   Os dedos do meu pé queriam ter olhos   Entro suavemente o movimento   Não gostei do conferencista   Enterro   Mais peixe   Não obrigado talvez mais verdura   Goza   Baixo-me para subir ao quarto escuro   Quero sobremesa   Reclina-te   A perna avança   Os calções abertos   Como as correntes de ar   Mais uma rodela de ananás   Não posso levantar-me   Diriam que estou grávido   Lábios molhados de sobremesa doida   Os olhos fechados para poderem respirar fundo   Os pés penetram   Mordes os lábios   Traga morangos   Um morango a caminho do corpo desaparece da mesa e da boca   Regressa húmido   Afogou-se   Entregas-mo na boca   Baixa-te come   Senta-te come   Flutuamos entre a comida o gozo a inconsciência   Flutuamos entre metades que não dividem desejo   Estamos à espera do autocarro   O autocarro a chegar e nós dentro   Não aguento   Vestidos despidos   Os mamilos afagam-me entre as pernas   Recolho-me às origens   Adormeço ou estremeço   A língua sulca lateral o peito   Entre o peito e as costas   Metades que não dividem   Arrepio doido self-service da loucura   Aqui só há promessas depois de cumpridas

Inesperada turbulência

O clima bate nas pedras do entendimento
e cai como nuvem rígida
dentro da medicação desesperada
das veias

Os copos de água afogam-se
os clipes mais seguros
deixam cair os papéis
por causa da humidade das origens

As ambulâncias
já só transportam ambulâncias

Os códigos de barras atropelam-se
nas listas mais errantes
os ritmos desatrelam-se dos catálogos
e a música rap-fúnebre
organiza os saldos

As pulsações selvagens
tomam conta de nós
e as águas convulsas
esquecem-se das correntes

Não há terceira margem
e o vento desvairado dá insónias

A turbulência dos mapas chega às minúcias do dia
e perde a memória dos caminhos

Os sonhos velhos e doidos
fazem desenhos sem nervos

Se os alertas faltarem aos ensaios

Quando os alertas faltam aos ensaios as palavras refugiam-se   No escritório dos mortos as tempestades estão prontas à espera de ordens   Os vulcões provam a própria lava antes de a servirem em percursos há muito detalhados.   Os terramotos quase explodem de gozo depois de reverem mil vezes os planos da fratura   As curvas perigosas rebentam de cio   Os naufrágios compõem a sua própria lista de espera   As catástrofes não aceitam mais ser notícia de amanhã   Os utensílios da tortura colam-se às instruções para não perder a memória   Os sinais de perigo descompõem-se fartos do abandono   As armadilhas fotografam-se para não se deixarem desarmar   Os insultos pesam como pedras na língua suspensa do anjo imprevisível   Os vómitos aguardam na garganta a última anunciação do excesso   As salas de urgência vistoriam pela milésima vez os instrumentos de precisão   Os gestos de acolhimento estão suspensos em estátuas de sal para conservar a prontidão   As ambulâncias estão perplexas depois de verificarem vezes sem conta trajetos e ocorrências   É tal a violência do vento que os rios perdem-se   Os edifícios saltam das fundações   As autoestradas embrulham-se nos trevos impacientes   As espingardas vão-se com os tiros

Passa um carro cheio de manifestos mortos

Os animais agitam-se com os sinais de terramoto   Livros desfolham-se tomados de loucura   Mães abortam até às intenções mais remotas   Homens engolem a intimidade para não serem deportados a qualquer momento

As flores estão a olhar as flores

As pedras da calçada crescem desordenadamente   Os pássaros voam no sentido oposto das asas   Com exceção das nuvens está tudo certificado   Não há gota de ar clandestino   Duas sombras conversam numa esquina   As palavras vêm à janela e acenam   As bebidas bebem-se umas às outras   Os semáforos orientam-se entre si

Perguntas-fantasma sobre demónios em trânsito

Diz-me
os demónios
entram nas alegrias de perfil
no meio das palavras
entre garrafas de vinho
pela porta de entrada
através do parque de estacionamento
à socapa
vestidos segundo a última nudez
disfarçados de orgasmos
pedindo licença
com propósitos claros
falando línguas estranhas
coloridos ou a preto e branco
por janelas de estilo
juntamente com o ar ou as compras
por correio expresso
ruidosamente
galantes invisíveis
de mãos estendidas fazendo perguntas
interrompendo conversas desligados do resto
facilmente identificáveis
com fome
dando respostas
acordados
a rir
com largas estrelas nos olhos
com seios jovens e velhos
provocantes
de punhos cerrados
incapazes

dando tempo de espera ou só de respirar ou nem isso
fumando charutos com etiqueta
colados ao último riso antes de chegarem
emendando a conversa

Quais são o dia e a hora
preferidos dos demónios
no minuto seguinte ao entardecer
um segundo antes
às horas de expediente
com as notícias debaixo do braço
de hoje e de há muitos anos
na hora de ir para a cama
quando o garfo se ergue e a boca começa a abrir-se
quando a televisão se cansa

Talvez não me possas ajudar
talvez não saibas
ou o digas em língua que não entendo
no momento em que ouço as notícias
ao ouvido que só se ouve a si mesmo
junto ao lado escuro do sexo
entre os dois sofás desconhecidos
no espaço vazio da cama
no ângulo agudo da escova de dentes
entre restos no frigorífico
dentro da compota
com o último gole de café
soletrando tão devagar que me esqueço
da velocidade para despertar

Diz-me ao menos
se numa semana são possíveis ainda menos alegrias

Corro risco de vida
posso acabar o meu cigarro
ir comprar o jornal

escrever um poema ou uma carta
planear as férias do próximo ano

Poderei ao menos distinguir a tua resposta
da resposta contrária

Se nem isso é possível
poderei distinguir a tua agitação
a tua agitação do teu silêncio
o teu silêncio do teu silêncio

Interrupção exatíssima

Os alarmes não conseguem soar mais alto que o tráfico do fim de tarde Começou agora Os minutos esmagam-se à entrada das horas É uma chuva imensa e aterradora que desorienta as vísceras e as manda para abrigos desconhecidos Estão a cair do céu edifícios esventrados acabados de construir arrastando consigo pedaços de gente jovem A fruta ainda verde deforma-se presa às arvores e despede-se apressadamente da colheita Projetos planos livros de instruções cardápios suplementos vitamínicos rebentam no solo com um estrondo particular Os fragmentos são do tamanho de futuros inteiros Crianças semidesfeitas explodem no chão ou no regaço doutras crianças semimortas Um sangue espesso e persistente escorre das nuvens mais baixas Os gritos despenham-se em fila finíssima num imenso lago de azeite ácido Os ministérios das aflições estão a apinhar as urgências Os hospitais pedem socorro Mães desfiguradas fazem berços nas crateras dos ímpetos menores Os amantes guardam o sexo à pressa nas gavetas das desgraças irregulares Há milhares de jantares desesperados Os autoclismos sufocam As bibliotecas estão desorientadas Os livros estão a suicidar-se coletivamente Caem trabalhos em curso onde ninguém os reconhece Os elevadores despenham-se dos andares mais altos Armazéns repletos de férias e de outros acessórios caem sob forma de alegria ácida e corroem as rotinas mais sensíveis Nuvens negras de receitas convites memorandos atas anúncios sermões cartões de visita citações pairam a baixa altitude Confundem-se com o fumo do chão Por todo o lado há prendas de natal enforcadas nas árvores As palavras e os discursos também caem São tão leves que ninguém se fere Ninguém está disponível para entrevistar as rosas Só o desastre está autorizado a fotografar o desastre Mensageiros estropiados desaparecem nos escombros em busca de endereços Os últimos jornais desfolham-se espavoridos e colam-se aos olhos dos transeuntes Os meteorologistas de bata branca-vermelha despedem-se da multidão atónita para atender compromissos previsíveis Ao fim do primeiro dia deste desastre em construção não há num raio desmedido um banco de jardim intacto uma relva amena uma saudação tranquila uma mão limpa um seio macio um doce doce   O que está está tão presente quanto ausente   Os corpos e as coisas as dores e os sons continuam a proibir os diretores da interpretação de se aproximarem   Os gemidos que se ouvem entre os destroços são jovens e quase florescem   Algo está a brotar da terra   Por agora confunde--se com o que foi violentamente enterrado nela

O touro confessa-se

Entro na praça para dar de comer aos praticantes da agitação

Enquanto a praça enche
sonho com saídas e estocadas falhadas

Sou um colosso que não cabe no colo
choro e vomito na arena
deixo-me tourear como uma nuvem
ajoelho-me à mínima ameaça
nada tenho contra o vermelho
não estou preparado para morrer

Sou um touro inocente
encho cadernos com planos de viagem
os cadernos não conhecem outras fugas
senão a dos ferros floridos
para o sangue ser de festa
vermelho térreo
negro pálido

Entre mim e a praça
está uma ponte ágil
de barbaridade

Vejo paredes redondas
com aberturas falsas
sinto que uma sombra me atravessa
é minha
não me reconhece

O tempo cruelmente concentrado em mim
Devagar

Inclino-me para a minha sombra
ajoelho-me

aplaudem
os aplausos envenenam o ar
O chão é um espelho sereno

Concentro-me numa imagem
que me não faça pensar

Faz-me falta a alma
a consciência da praça está deserta

A praça poisa na praça
arrefeço
sob o calor dos aplausos

O horizonte coincide com a cegueira
o poço horizontal afoga mais

As ruínas da praça seguem de perto as minhas

O meu cv são ações estranhas
pesado dever de autor
que acumula esquecimentos

Razão de terra
nada do que escreve
fica escrito

Sou um touro gay

Gosto de me sentar nas bancadas oblíquas
de touradas alternativas
despercebidas
o sangue todo nas veias
especializado em vento
sob o céu da lezíria
as garças no dorso

Saio da arena morto e mais humano

Gostava de regressar
mas não aqui
como provas tipográficas
ou qualquer escrita que não descanse em paz

Turva-se a consistência

O sangue derramado não regressa
nem se aproveita
para as sobremesas da morte
pedaços do medo
sempre difíceis de juntar

Comigo termina a dinastia das bestas maiores
com saídas em ombros
sob os cuidados intensivos da glória
lotações esgotadas
até às veias

Com os meus testículos desaparecem séculos de receitas minuciosas

Confesso que me enganei no tamanho do dia

Catálogo de estações prisioneiras

Uma vida tão rente à morte que passa despercebida   Outra vida que pesa como chumbo depois de vazia   Uma mulher que mata as alegrias próximas com a carne viçosa da hora   Outra mulher que muda de corpo para ser fiel ao universo   Uma prova da distribuição solidária do ódio   Outra prova de um desastre que aconteceu intimamente   Uma paz que se pronuncia em paz   Outra paz que se pronuncia em pânico   Um amor que só consome o que produz   Outro amor que dorme sem medo de amanhecer   Um orgasmo que se cola a outros como fogo florestal   Outro orgasmo que se lembra dos dias anteriores e se esquece dos seguintes   Uma verdade que passa por mentira para se purificar   Outra verdade que perde peso com o passar das horas   Um fim que se conhece desde o começo   Outro fim que é um modo de gritar inaudível   Um modo de pertencer sem devorar as entranhas   Outro modo de pertencer que não se deixa descompor facilmente   Um outono que parece um sereno campo de arroz   Outro outono sem a consciência da fruta de casca dura   Um relógio efêmero que se enterra no corpo sem magoar   Outro relógio que mede as ambições e a decisão de as não medir

Suíte para órgão

duro doce
macio mole
duro mole
macio doce

comestível
levanta-se e caminha
depois come engorda
e corre
sabor a sal suado
vegetal
rega-se
cresce
esquece-se
murcha
sazonal
muda de cor como os figos
de olhar como os girassóis
dança o tango o flamengo a salsa
o merengue o funaná
o forró o vallenato
sempre diante do mesmo espelho
gosta de estar dentro de si
à espera de crescer
sentir as carnes deitadas
entre veias sentadas nas praças
como quem espera trabalho
viver o alvoroço
do que começa ou chega de repente
igual à trovoada tropical
ao vermelho novo
a correria do sangue
a avalanche de quase tudo

azáfama de veias
balanço de barco no mar revolto
agitação de aeroporto em tempo de férias
qualquer movimento de pernas
ou toque de mão
esvai-se
alaga-se
em gozo
depois perde-se
foge esconde-se
encolhe-se disfarça-se
de peça de mobiliário
desmaia
fica sem voz sem atenção
facilmente morreria atropelado
parado no trânsito
se o deixassem à beira da água
morria de sede
se o chamassem pelo nome
dizia que não era
se o anunciassem
confundia-se com outro anúncio
se o atacassem pelas costas
não se virava
se o insultassem
agradecia
se o matassem
não notaria
se o punissem
acharia pouco
se o mandassem afogar
inventaria água no deserto
se o metessem no armário
fechar-se-ia por dentro
se o enterrassem
convidava os vermes

Ars moratoria

Abandono lentamente a poesia e as sextas-feiras
sobretudo as sextas-feiras à sexta-feira

Saio imparcialmente sem ter de tomar posição entre sair e entrar

O meu corpo e o corpo em mim sempre foram inimigos

A poesia foi conseguindo tréguas por um fio
      enfiando pacientemente
      os genitais na imaginação
      as horas nos minutos
      os olhos no olhar
      os minutos nos segundos
      o cansaço nas desculpas
      os segundos em segundos menores
      e o nunca mais no ainda agora

Até que um dia o fio quebrou por falta de correspondência

A velocidade aumentou até ao dia seguinte
os corpos amontoados em paz e guerra

É a hora é a hora

As horas a passarem em poucos minutos por segundo

A poesia então enlouqueceu
começou a gritar
a confundir
      as palavras com a criação
      a esperança com outras medicinas
      a interrupção do que existe
      com o que existe interrompido
      a cama grande da ordem
      com o levanta-te e caminha

o poema
com o poema que vai preso dentro dele

À sexta-feira as autoridades não toleram gritos fora dos bares
nem loucura fora de casa

Prendem à cautela o que está preso para que só a prisão fique na rua

O corpo tem altos e baixos
A poesia está por um fio
abandono-a para não tomar posição

Autodesviografias

Repetitório

Não sou poeta. Concordo que o passado o presente e o futuro são eternos mas as minhas afinidades com os poetas ficam por aí. As folhas em branco já contêm tudo. As palavras não têm medo de mim nem me respeitam. Não sinto a vida e a morte ao mesmo tempo. Não sou um carpinteiro de palavras. Apalavro prefabricados. O que tenho para fazer diariamente está escrito em péssimo estilo. Os meus silêncios não me dizem nada e se falam fazem-no em prosa. O frio que sinto vem dum cerro onde os poetas morrem de medo. Não me lembro da infância porque a infância não se lembra de mim. Tudo o que escrevo repete o que não escrevo. Estou tão quieto que no máximo poderia escrever um ponto final. Caminho pelas paredes e pelos tetos com naturalidade e vice-versa. Não ser poeta tem a vantagem de não me preocupar com o futuro da poesia. Sou incapaz de imaginar que o meu regresso a casa tenha algo a ver com ela. A odisseia dos vizinhos é ainda mais mesquinha e sem remédio. Os meus olhos são como os de toda a gente e a minha cegueira é vulgar. A minha família não é matéria-prima para nada. Um pássaro pobre voa baixo. Quando me despeço das coisas deixo-as livres para recomeçarem a vida. Não sou responsável pela beleza do mundo. O meu contrato com a vida só tem uma cláusula. Os mistérios da existência têm uma preferência pelo meu modo de pensar mas os ângulos agudos também e não são poéticos. O som circundante das palavras insinua-se mas incomoda-me. As minhas palavras não têm o peso dos mananciais de futuro. A escrita é a única nudez que não me excita. Os deuses tratam da sua vida. Eu trato da minha. Não converso com deuses imperfeitos e os perfeitos não me dizem nada. A inspiração é-me essencial mas só para atos físicos como respirar ou defecar. Intriga-me que a minha sombra me siga tão fielmente mas não faço disso uma explosão de lucidez. Nada do que a escrita diz está na escrita. Se escrevesse a leitura não deixaria apenas uma sensação de leitura. As minhas palavras ficam quietas onde as deixo. Como um cão. Os poetas caminham sobre as águas. Um artifício que de nada serve aos afogados como eu. As vozes dos poetas mortos são barulho de comboio rápido misturadoras de cimento trânsito de fim de tarde fábrica de pregos. Um ruído infernal que me tira o sono. Alimento-me de rações de loucura normal. No meu bar é tudo de metal incluindo as bebidas. Como as coisas me acontecem de modo não sequencial a escrita seria ininteligível. Tenho um poder descritivo mas recuso-me a exercê-lo sobre o que escrevo. Se por acaso tropeço nas palavras procuro não abalar a sua compostura. Sou um negociador exímio de folhas em branco. Também negocio em resmas de papel para grandes cerimónias e memórias. Mas a minha especialidade são os mapas de desastres por acontecer. Não entro nos museus para ver. Entro para entregar. Não cozinho para ninguém para não incomodar os ingredientes. Vou para onde me dizem na condição de ir devagar para o tempo ir atrás de mim como um boi manso. Acho verdadeiramente que as palavras se gastam com o uso. Não estou cego mas confesso que não vejo o que se vê. Não sei escrever o pânico no verso da serenidade. Vejo casas camas mamas nunca horizontes mais vastos. Não acredito nas estações. Os meus órgãos esperam por mim. Mordo a sombra para ver se está madura. Assumo que nasci mutilado e que me fui desmutilando. Tropeço no mais pequeno esplendor. Gosto de chegar no fim. Os últimos operários da justiça são os da limpeza. O meu chão é ilegível os passos são analfabetos ou foram treinados para escritas aéreas. Em minha casa os labirintos do ar entram pelo telhado como é normal. Sei que as traições são leais a outras coisas. Quero estar aberto a todas as hipóteses inclusive à de não ter nascido. Sei que a vida é um rio mas habituei-me tanto ao mar que não ouso atravessar. Faltam-me a argamassa e as conclusões da catástrofe para formular os pensamentos memoráveis. As palavras que estão antes da sufocação e do silêncio estão-me interditas. Sei gozar a tarde sem mandar nela. Não tenho embaixadores nem guarda-costas: sou presença em estado bruto. Tenho de ser eu a dar o nome a tudo manualmente. Se os livros de poesia passarem por mim não me reconhecem. Está tudo escrito nesta carne em que amanheço e anoiteço. Faço amor minuciosamente com o motor do pecado desligado. Deixo às palavras a liberdade de significarem o que querem. Nada do que existe tem os contornos que lhe dou. Não posso dizer que existo apesar de existir muito do que sou. O ar está cheio de vestígios meus, há rumores de mim mas nada disso compõe um traço. Não tenho mais exatidão que a de um matiz. As minhas asas estão coladas a um trem de aterragem. Insisto em ser real. Em tudo o que sou carrego outra coisa em tudo igual ao que sou. Não tenho direitos proporcionados. Se os exercer desequilibro-me. Se a poesia me aliviasse eu seria poeta e faria as abluções do costume. Não tenho recursos descapotáveis. Nos piores momentos semeio areia para ver se cresce. Perco experiência à medida que vivo. Não bebo nada de especial. A minha cirrose é média. Sou tão comum que não imagino poder escrever senão o que já foi escrito. Não acredito em espelhos só em intervalos vazios e cegos. Os arranha-céus que eu olho são subterrâneos os elevadores só descem. Não sei interpelar o que não existe. O meu partido de oposição está sempre a ponto de ganhar as eleições mais íntimas. As minhas janelas não se deixam prender nos andaimes. Não imagino sonhos nem pesadelos. Estou impedido de febres ferozes. Os meus títulos são modestos não dão para voar pela janela. O meu trabalho é braçal. Planto cedros para mortes diminutas. Chego à noite sem energia para me cansar com os interiores. Se os poemas descritivos fossem aceites eu descreveria a minha caminhada por um longo corredor com uma dor sentada ao fundo a rir-se. Gostaria de aprofundar um esquecimento até só me lembrar dele. Deve ser difícil ser poeta no país mais antigo do futuro. Só tive uma oportunidade para nascer. Nasci como pude sem esperar por melhores dias. Quando olho a minha sombra tenho inveja da sua simplicidade. O corpo dito por ele próprio é tudo. O meu rosto flutua por aí sem a minha autorização. Quando o universo me permite um momento de descanso lembro-me de Éluard. Olhai como trabalham os construtores de ruínas. O meu corpo só entende a linguagem de proximidade. Não vou arriscar precipícios quando afinal é possível carregar tudo pelas encostas suaves das dunas. Não me anuncio porque venho de dentro. Vivo dedicado a uma porta. Vai comigo para todo o lado. Colo recados ora pelo lado de dentro ora pelo lado de fora. A minha morte precisa de mim para existir. Especializei-me em pensamentos sem deixar que os pensamentos se especializassem em mim. Só uma pequena parte da minha inteligência é utilizável para os fins comuns. A maior parte dela faz de pedra. O livro que eu podia escrever foi envenenado. Vou na página que diz fragmento interrompido. Há anos que não consigo ler mais. A natureza escolheu falar através de mim. Nada mais tenho a dizer. Urino nos meus pensamentos e fico aliviado. A suspensão é a perfeição estilística possível. Cabe-me um naufrágio tão pequeno que facilmente o disfarço de chegada prevista. Nunca sonho que estou acordado. Dedico-me a um tipo de artesanato que não contempla adjetivos irresponsáveis. Não estou preparado para as revoluções que não estiverem preparadas para mim. Se pudesse saltar de século em século poisava nos anos melhores para amansar demónios. Os turbilhões deixam-me quieto. Vivo no meio de fumo e de cinzas e não sinto asfixias poéticas. Quando se vê tudo de dentro vê-se tudo de longe. Assim são os poetas. Gosto de me sentar no alto dos Andes a mascar o céu. Não tenho a complicação necessária para entender a árvore genealógica das estrelas. Se uma metáfora me tentar seduzir fujo literalmente. Não me escandaliza que as estações sigam sempre a mesma sequência. Vejo a lua entre as árvores mas acho disparatado imaginar que se está a enforcar. Os poetas gostam que o sol lhes lamba os pés. Eu gosto que me cure. Quando me veem num restaurante veem de mim tudo o que interessa. Mesmo quando saímos ao mesmo tempo a lua segue o seu caminho e eu o meu. As frases a que me atrevo são okupas de linhas em branco. A minha imaginação não escreve. Espera que as paredes aguentem. A minha carne é demasiado dura para ser comida com palitos decorados em beberetes festivos e música de fundo. Os poetas só estão ao lado dos mortos quando os mortos estão vivos. Raramente os ventos sopram na minha direção mas o vento é vento e eu sou eu. O meu gozo nunca é louco. Talvez nem seja gozo. Mas cumpre a ordem do dia. Não penso, logo resisto. Amo o próximo não o distante. Não sei o que pensa a tradição mas a tradição também não sabe o que eu penso. Sei que um microcriador só pode aspirar a microcriações. Sou profundamente animal não elaboro as minhas necessidades muito para além das que tenho. Os brilhos da língua e as decorações da escrita deixam-me a pele em carne viva. Bastam-me vogais consoantes algumas regras e motivos para que os humanos me ouçam de modo que me esqueçam. Nunca comecei nenhuma caminhada usei sempre sapatos velhos. Uso poetas como matéria-prima para construções avulsas e descompostas. Saio da sombra sem que ninguém note e volto a entrar sem que eu próprio note. Os meus pecados são todos navegáveis mas não tenho barco nem sei nadar. Abraço aborrecidamente quem me abraça aborrecidamente. A minha inteligência parou onde tinha de parar. Depois tive de seguir sozinho. Abasteço-me de silêncio mas só para uso pessoal. Não faço lombadas para estantes. Entendo o mar. Como à mesa com flores baldias durmo com outros animais e só falo com gente conhecida. Olho a noite com os olhos bem abertos e nem tudo são paredes. Não tenho pensamentos íntimos ou se os tenho a minha intimidade não os pensa. Adio a imaginação sempre que posso para não faltar a compromissos urgentes. Não tenho força para empurrar a parede da nação até ao precipício. Nunca fui virgem nasci usado. Pouco me falta para ser um animal. Por tão pouco não me junto ao universo. Subo e desço em águas paradas para assistir ao showboat das eternidades que ainda restam. Quando abro os olhos só vejo os argumentos que já lá estiverem. Tenho a sensação de ter sido esquecido num circo. Nada me move a escrever sobre um espetáculo que já vi muitas vezes. Gosto de soluções fáceis que não me obriguem a ser para além do necessário. Tenho de pensar rápido sob pena de não estar ninguém nem eu quando terminar. As nuvens não são metas fiáveis. Não me posso alargar em pensamentos extensos. Ocupo uma área escassa passo a ferro as minhas ideias vinco as calças dos meus poucos desejos um pouco de perfume na amargura. O meu modo de passar despercebido. Aprendi a falar com os objetos. É uma língua simples sem vogais nem consoantes que os objetos falam comigo. Com o tempo habituei-me a desinfectar tudo o que digo. Convenci a solidão a deixar-me só. A minha colheita é oral. Circula em mim um licor agreste que não se deixa contrastar. É tão escassa a margem de verdade que é necessário falar colado à pele. Penso na morte com a esperança que ela não pense em mim. Vou daqui para o futuro sem grande esforço. Todas as esquinas me servem. Um vento furioso fustiga o alfabeto sempre que me disponho a usá-lo. Estou tão ocupado com as atividades de cada um dos meus órgãos que não me resta tempo para decifrar as essências. Está a entrar muito frio pelas janelas das palavras vou para dentro. A poesia deve estar cara. Tenho disponíveis cinco cêntimos de alegria mas os mendigos já não aceitam tão pouco. O mundo da poesia é tão rico diverso e mal guardado que pode ser assaltado a qualquer momento. Se copular com versos adultos é poesia eu sou poeta. Não me critiquem pelo meu imobilismo. Um mínimo passo envolve toda a gente. Sei que os censos me querem por escrito. Não me importa que sonhem os meus sonhos. Só quero que mos devolvam depois de usar. Sou tão largo que não caibo nas ruas feitas para mim. Sou um peixe ignorado pela água. Todos os lugares que eu habito serão meus filhos mas nenhum saberá. Vou-me atrasando quanto posso para ver se fico na história seguinte. Começo a não ver as coisas mas por enquanto não sei se o problema é meu ou delas. Não tenho paz nem alegria mas alugo-as. Estou perdido no meu quarto de brinquedos. Os brinquedos cresceram tanto! Não tenho sonhos de cama e muito menos de vinho e turvação. Durmo dentro de uma farmácia. Os meus lençóis não palpitam nem perco a respiração a gritar debaixo deles. Entro e saio despercebido. Não escrevo. Uma editora voraz comprou o autor juntamente com os direitos. Se escrevesse um poema não se distinguiria de mim. Vivo demasiado próximo das palavras para que elas me impressionem. Considero vital aprender a não reconhecer as maiúsculas. Não tenho condições de estar presente. As poucas energias que tenho não chegam sequer para estar ausente. O que falta no meu nome não deixa que me identifiquem. Vivo num deserto tão frondoso que não tenho luz para escrever. Os meus órgãos estão a desertar um a um. Está escuro mas também podia estar claro. O trágico é não haver cores. O meu silêncio é apenas a resposta a outro silêncio. O meu espírito é pedonal. Fui feito para ser percorrido devagar. Uso por necessidade carne corrompida. Sou um cemitério móvel que os mortos dificilmente encontram. A fatalidade é todo o mundo menos eu. Do mais importante sou uma testemunha muda. Sou uma sopa de substâncias tão inconsistentes que não pode constar do menu. A minha ética é demasiado áspera para ser escrita em papel ou ecrã. O meu coração está totalmente a descoberto. Se escrevesse nele sangraria. O ar pode esperar e desesperar que o meu grito não se ouvirá. Sou um pássaro apagado por um excesso de vento. Os poetas escrevem no jardim da frente. Eu escrevo nas traseiras onde o cheiro é pestilento e a paisagem assustadora. Sempre que posso conduzo os meus pensamentos pela trela e a cada passo paro para que urinem nas árvores monumentais do meu caminho habitual. Sou oral e fugaz como Zelda *I hate a room with an open suitcase in it. It seems so permanent.* Sou herdeiro e percursor da mesma ideia. Devo ter gasto todos os filtros que permitem distinguir o perto do longe. Guardo no roupeiro a minha nudez e a roupa futura. Quando começo um pensamento não posso ter a pretensão de o terminar. Não me angustia não saber quem sou mesmo sabendo que não sou outra coisa. Estou encarregado dos assuntos correntes. A poesia é no andar de cima. Com o ladrar dos cães quase não ouço o ruído da história universal. As coisas mais simples acontecem-me complicadamente. O que ouço dentro do meu quarto é familiar mas não é decifrável. Não há palavras quando alguém nos olha como um prego fundo. Sou um homem crescente. Os desfiles de prodígios literários desviam-se para não me incomodarem. Habito nas traseiras dos grandes pensamentos um apartamento pequeno mas fácil de limpar. Leio livros de aventuras que estão por ocorrer. Os grandes poetas do mundo vêm à minha janela pedir socorro. Falta-lhes a obscuridade. Não canso. A época sim. Como as emoções me incomodam transformo-as em pedras e faço muros. Entreguei o sexo às autoridades e guardei o recibo. Desço da minha voz agarrado a um corrimão para não tropeçar nas vozes que vão subindo. A minha face foi desenhada nas minhas costas. Identifico-me na base da confiança. Todas as minhas invenções foram tiradas de um catálogo. Deixo-me penetrar por qualquer ideia que não me maltrate. Tremo mas não é por estar emocionado. É por não estar emocionado. Peço à realidade que me dê descanso. Movo-me ao ritmo das pontes. Ninguém me acaricia a tempo. No meu lugar está sempre alguém que não conheço. Não gosto de formular desejos que já não tenha satisfeito. Alguém caminha incessantemente para os meus braços mas nunca acerta. Deixo-me acompanhar por estranhos até que saibam que eu não pertenço. O vento impede-me de pensar. Como a fruta do dia sem nunca pensar que o dia não tem fruta. Quando chego todos os versos estão ocupados. A minha vida está por um fio. Um fio estranho cheio de vida. Estou pré-parado. O meu perfume secreto não atrai ninguém. Não colho mas também não semeio. Estou à disposição das palavras. Os assuntos sabem tudo a meu respeito. O meu voo permanece no solo. Foi inventado para um ar mais denso. O balde está demasiado cheio de água para eu poder nadar. Deixo a vida no meio de rumores que não interessam ao mais humilde verso. Gosto de mim mas não sou retribuído. Não sou detetive de interiores. As sombras são demasiado iguais para as poder identificar. O vento empenha-se para que a espuma do meu desejo não me asfixie. Os campos estão verdes. Um verde-morte. Sou um ser submerso. Escrevo túneis em vez de poemas. Os meus temas são oceânicos e os barcos escritos são demasiado frágeis para as marés vivas. Sou demasiado disperso para acompanhar duas penumbras seguidas. Vivo sentado numa saída de emergência para permitir fugas fáceis. Os poetas escrevem relatórios de viagens autorizadas. Eu viajo numa nave estranha não entendo o comandante a tripulação passa a vida a insultar-me e os gases não me permitem ver se vai alguém a meu lado. Estou farto de procurar a felicidade. É tempo de a felicidade me procurar a mim. Mãos que gritam não escrevem. O reconhecimento por não ser poeta devia ser pelo menos igual ao reconhecimento por sê-lo. Não me conformo de ter nascido numa cultura em que morrer não é outra forma de viver. As minhas doenças não são de garganta. Não têm sequer garganta. Ofereçam-me gritos mas não me obriguem a ser grato. Fui convidado a acompanhar o dia a dia de um ninho e o que escrevi não foi aceite pelo editor de ninharias. Decidi andar descalço porque os sapatos levam-me para onde não quero. Não tenho preferência por estátuas nuas. Vestida ou nua nenhuma mão me acolhe de maneira que eu entenda. A minha água não mata a sede a ninguém. Estou a escrever com álcool de colo. Vivo em estado líquido para que todos se abriguem e eu não me molhe. O despertador nunca acerta com a minha insónia. Sou eu a despertá-lo. Organizo a minha vida para outra vida mais tarde a organizar e assim sucessivamente. Na falta de água corrente deixo-me acompanhar sozinho. As minhas sombras estão demasiado ocupadas comigo para fazer sombra a alguém. O meu fogo arde só. Os alarmes não deixam que me consuma. A genealogia da madeira não me deixa mentir. Os buracos do vento constipam-me. Estão a triturar as extremidades onde me concentro. Preparo-me para ser um desperdício de mim próprio. Não tenho argumentos para frases longas. Sou um pássaro suado de tanto voar em vão. Como não tenho leitores posso escrever livre e indefinidamente. Como poderia ser um narrador se a vida é desnarrativa. Não tenho profundidade. Sempre que mergulho parto a cabeça. A minha vida é tão genérica quanto um móvel Ikea. Devo-me ter perdido. Vou pedir a minha sequência a um DJ. A escrita é uma sequência que não permite irromper. No dia em que as circunstâncias deixarem explicar tudo escrevo um poema de circunstância. Aprendi a des-ser por desporto. Hoje estou viciado. Escreverei na volta quando as manadas de porcos forem mais letradas. O meu ângulo de visão é demasiado excêntrico para ser captado pela escrita. Sou um fotógrafo oral. Surpreende-me a tal ponto o que penso a meu respeito que ou não sou eu a pensar ou penso em algo que não eu. Cresce em mim a consciência de mim que por sua vez cresce sem mim. Sou um desmentido lancinante de tudo o que não é dito a meu respeito. Caminho solitário e sem patrocinadores. Tenho uma vida interior que por sua vez tem uma vida interior. Não sou um herói qualquer. Dialogo com as palavras simples e suas famílias. Estou numa extremidade. Sinto o contrapeso da outra extremidade mas não imagino quem lá esteja. Há mais poetas que javalis. Se deus não foi feliz com a criação não me compete corrigi-la. Apesar de nada ter em comum com os poetas partilho com eles o essencial. O lado amável desta tragédia montou o negócio das tragédias amáveis. Espero pelo dia em que tudo aconteça e nada passe. Então escreverei uma nota de imprensa para acalmar o nervosismo dos peixes chineses. Escreveria um poema se ele fosse feito de poesia desde a origem. Nunca vibrei tanto. Irei quebrar.

Mãe

os meus ovos íntimos estão a desfazer-se. houve fraudes nas últimas ereções. nasci no último minuto. sou jovem de mais para a democracia. quero mama. uma couve visionária tentou seduzir-me. dada a minha tenra idade a minha mãe levou-me ao médico. é dos ouvidos. ouço o polo norte a asfixiar de cio. e o arroz de dói a lamentar-se da domesticação de há mais de 2500 anos. ruído cósmico na boca. chupo o polegar entre insultos e diagnósticos. os minutos deixam cemitérios-porta-vozes no rosto da minha mãe. é uma viúva delirante com o homem vivo e o filho por nascer. por isso toda a gente nos confunde ao contrário. tenho medo de a magoar sou muito grande para o canal. a parteira divide a minha cabeça em duas para poder passar mas às vezes esquece-se de as colar. não aí. aí não. onde houver vento. dias inteiros com metade da cabeça colada no baixo ventre e ninguém dá conta. todos me elogiam a inteligência inferior. porque é costume. porque o presente é um exército dizimado. tudo porque obriguei a minha mãe a ser fértil toda a vida. dedicada a parir-me incessantemente e em vão. diariamente. às vezes é tanto sangue que tenho medo de a afogar. ao fim de todos os dias tantos anos tem mais dificuldade nas contrações. são as artroses as cataratas as cicatrizes as menopausas sucessivas. os certificados de nascimento cada vez mais lentos e eu a querer mamar. assustam-me as surpresas. é próprio das crianças ao contrário das multidões. o meu problema é mais grave porque habito a mesma falésia todos os dias. nunca chego à puberdade. nunca fui para a cama com mulheres homens desmulheres deshomens ou animais. fui para a cama com coisas úteis um cinzeiro um whisky um anúncio um rolo de papel higiénico. nas minhas tenras mãos qualquer malfeitor é absolvido e floresce. dou a mão ao meu sexo porque ele depende de mim. dizem que o passado é um país estrangeiro e que lá tudo é diferente mas eu sempre estive agora. no ventre de fora para estar aqui amanhã. se deus estivesse no sítio onde o deixo todos os dias tudo seria mais simples. mas não tenho rugas. as cicatrizes estão viradas para dentro. se a minha mãe falha um dia fico impaciente à espera como se nada me tivesse acontecido nunca. antes de sair de casa, tenho de ter a certeza de que a minha mãe me deu à luz hoje. caso contrário telefono. mando mensagens. felizmente a minha mãe tem um telefone de pedra e urze. e quando ninguém atende fico sem saber se estou parido e saudável nas mãos da parteira. tenho de ir à aldeia sufoco e só começo a respirar quando a minha mãe começa as contrações. gosto de a ver na cama com dores sempre novas, umas de dentro para fora. as dela. e outras de fora para dentro. as minhas. gosto de me ver vindo. à porta do corpo sem dentro nem fora a entrar saindo a sair entrando. sou impaciente. chego a ser parteira se a parteira tarda. e a minha mãe a sofrer. o trabalho incessante de me dar à luz. condenada a um prazo diário de vida cada vez mais curto. o tédio semanal seria um bom projeto de vida. uma música animal corre no pátio. são os cães à espera de entranhas frescas. não toleram o cheiro de entranhas estranhas. e o meu corpo a emergir ensanguentado e livre a caminho da água onde nasço me barbeio e imagino os primeiros sumários executivos os deliverables e os milestones. a parteira tranquiliza-se porque os cães me reconhecem. com exceção dos cães as tradições só fazem sentido quando as horas se começam a desfazer umas às outras. estranho que esta parteira diária nunca tenha tentado afogar-me. a minha mãe arrefece e olha para o que vê com o olhar doce do cansaço manso. o computador entre panos de linho. o afago das notícias da casa. morreram sete coelhos pequenos e o pior é que estamos sem macho. e eu ainda em sangue a dar os primeiros passos protegido pelo antivírus que a minha mãe trouxe da feira. a azeitona produziu bem o azeite é puro e o meu corpo goza. os manuscritos as reuniões as entrevistas as colunas e eu ainda em sangue. os olhos esbugalhados à espera que o programa abra. e a minha mãe a apertar-me no colo que as falésias do tráfico causam-me vertigens. de repente lembra-se que deixou a razão do habermas no congelador. quando estiver boa para pensar eu já cá não estou. não temos que comer. corro muitos riscos. ainda ao colo fico horas suspenso a olhar os destroços. a minha mãe dissolve as últimas dores e concentra-se nas próximas que sabe não tardam. despeço-me ainda nu e levo nos braços os dossiês que o alfaiate fez sem tirar as medidas e não me servem. até amanhã. vou-me vestindo. meço-me à medida enquanto afago os cães. os vizinhos preparados para me vestirem. morto ou vivo. o que vier primeiro. o telemóvel embrulhado no cordão umbilical. se eu tiver uma hemorragia morro todo. os serviços secretos estão perplexos. os meus ficheiros esvaziam-se enquanto enchem. não acumulo sangue de um dia para outro. se a minha mãe não descansa o suficiente tenho convulsões. poucas horas depois de me parir começa a pensar no pão. temos de cozer esta semana. estamos em novembro. não há serviços de urgência no campo. as castanhas asfixiam na terra. os ouriços decidiram não abrir. se não conseguirem crescer para dentro morrem frias como toda a gente. as dores no corpo são sempre suspeitas porque tudo pode estar a acontecer. afinal porque morreram os coelhos. alguém nos está a amaldiçoar. gatinho a caminho do escritório. vejo sapatos como ninguém e restos de comida. colado ao frio da calçada. todos os parentes me tiram fotos. tenho o olhar feliz de todas as crianças. que pena não poder acabar de crescer hoje. a minha mãe já está tão grávida. dentro de horas começa a ter dores de parto. tenho de regressar. e digo sem me repetir tenho de regressar. sei que a minha família se perturba. gostava de me ver crescer todo ao mesmo tempo. a família tem as suas razões. às vezes complico o trabalho à parteira só para gozar o parto um pouco mais. entrando e saindo da vida sem ter de decidir. os meus nervos na contagem decrescente das vinte e quatro horas diárias. entro na creche pela mão da minha mãe. e assim fico todo o dia. é sempre a primeira vez e custa cada vez mais. e tudo suspenso e dependente de mim. são cada vez maiores as pilhas de fotocópias e desastres. como é que uma criança se pode divertir com tanto marasmo e o marasmo do marasmo das notas de rodapé dos batizados em pó e do silêncio expresso. eu ainda nem sequer sei ler. não tenho idade suficiente para a bibliografia. até sei que sou precoce mas não me podem exigir tanto. e eu a gatinhar entre os animais com medo de ser mordido por uma galinha assassina. foi pouco depois do parto de abril só concluído em maio. gatinhava livre no pátio quando a galinha saiu do galinheiro correu veloz para mim e vazou-me um olho. tinha sete dias não sei quantas vezes. a minha mãe a ver. incapaz de acudir. teve de levar choques elétricos. eu tive de aprender a ver e a não ver. a luz do leite é opaca. só vejo o que toco. na minha tenra idade é impossível ter herdeiros. ainda hoje estava a ler o wittgenstein e tive de mudar de fraldas sozinho. o rigor faz-me urinar. às vezes fico molhado vários segundos sem que ninguém cuide de mim. a minha mãe passa o dia deitada no sofá donde comanda a casa. à espera das dores que me hão de dar à escuridão. só envelhece nos dias em que eu estou frio enfiado numa qualquer grua profissional. é raro mas chego a ser visto longe da minha rua. o meu papel em tudo isto só sei que é branco com linhas pretas. há que estabelecer uma ausência mas é difícil definir a mais ausente. a minha mãe obrigada a parir o mesmo filho toda a vida. sem se repetir. sem acumular rotinas. se me excedo ou atraso a minha mãe começa a sentir-se mal. com o passar das horas o meu corpo vai perdendo consistência. chego a perder órgãos e enquanto procuro uns perco outros. as forças faltam para procurar os órgãos mais duros. depois nem os mais moles se deixam apanhar. as ideias a cair no chão por falta de esteio. os feijoeiros dobrados pela tesão das vagens. o lixo desistente sem direito à memória. enquanto a minha mãe aguarda impaciente que eu me dissolva na gestação que já ferve dentro dela. a sabedoria dos dias incessantes faz-me febre. a minha mãe não sabe o que fazer. já consultou todos os arqueopediátricos da cidade. dizem que sou muito sensível à poluição das horas. talvez por nascer todos os dias no campo. o cheiro bom do vinho no lagar e eu bêbado no berço a dirigir centros de investigação de adornos e açúcares para esqueletos passageiros. no mundo inteiro. os vizinhos admiram-se que eu viaje tanto quase sem saber andar. querem que eu apalpe o mundo e lhe meça a temperatura. mas eu sou uma simples criança. gatinho entre malas motorizadas. não consigo sequer segurar o termómetro. ninguém pode confiar nas minhas medições. mandam-me dar injeções no mundo. da última vez o jato quase me afogou. sou frágil e qualquer polícia pode seguir os meus passos. para mim o mundo é um imenso lençol molhado. falo de tudo das bombas e porta-aviões. das minas antipessoais e do dióxido de carbono. só não falo da verdade porque ainda tenho dificuldade em soletrar. sou empregado da minha infância e ela bem me explora. ganho à hora as horas que me vão faltando. todos dormem a meu lado mas não me deixam dormir ao lado de ninguém. não sou perigoso. só os cães fornicam diretamente. a minha mãe tem uma máquina de cera mas eu gosto de ser moldado à mão. quando fazemos a aguardente. o alambique quente contra o frio de Setembro. enquanto as uvas choram para dentro dos garrafões. e a minha mãe senhora de todas as medidas. vai medindo as lágrimas. 22 graus é pouco. tem de ser 24. eu concordo sempre com o aperto na garganta de quem tem o estômago frágil habituado a iogurte natural de frutas afiadas. cheio de medo e a minha mãe a vigiar as panelas. ensina-me pequenos truques por exemplo quando o mundo é fechado ao trânsito é possível usar outro para passar. é um mundo que só se vê com os olhos em sangue do primeiro olhar. desde que não haja sinais é seguro passar. e chegamos a tempo ao que quer que seja. há dias em que a parteira exausta ou farta se esquece de ajudar a puxar. a minha mãe quase morre e eu quase não nasço. vivo entre morrer dentro da minha mãe ou fora dela. amamentam-me duas espadas, uma de dentro para fora e outra de fora para dentro. o perigo é sufocar duas vezes. engulo devagar primeiro os minutos depois as horas. não consigo engolir mais. as horas fatigam-se com os obstáculos mais frágeis. moer café aquecer a água levantar ferro voar no chão. saboreio tudo por fazer. mas os cães começam a ladrar. é a vizinha que trouxe os carapaus que comprou ao peixeiro. é quando dá mais gozo nascer. estar à beira da morte e nascer sem propriamente viver. ficar à beira da vida. e tudo acontecer entre a manhã e a noite. por volta do meio-dia já ando mas as minhas pernas vacilam. não se animam com a pequena corrupção duns minutos extras. sinto-as como mobília comprada há pouco a que me tenho de habituar. são curiosas as pernas porque se podem imaginar sem o resto do corpo. cada queda tem o seu menu de ferimentos. é triste não chegar ao armário das bebidas duradouras. os vizinhos andam a escavar onde estive ontem. é a pressa das ruínas. ninguém me acredita. não tenho idade suficiente. nem as credenciais. sou um amador porque os partos sucessivos não me deixam especializar na vida. não tenho tempo senão para a vida mais evidente. se começo um curso sobre o estômago não vivo o suficiente para conhecer os intestinos. assim vou pastoreando os órgãos com as receitas da minha mãe. mesmo um curso simples sobre as letras grandes tem letras a mais para mim. até quando vou urinar seguro o meu pénis de uma maneira amadora e quase o sufoco. não me deixam andar nu. mesmo sabendo que o ser humano vestido é monstruoso. há demasiada roupa no mundo. vomito as fraldas. os uniformes melancólicos vestem-me a perder de vista. a minha mãe às vezes também se atrasa. o pão ainda não está lêvedo. o forno ainda não está quente. uma desculpa para não ter de telefonar para o céu todos os dias. e eu ausente a caminho das veias de entre estar e não estar. há dias em que nasço claro outros que nasço escuro mas só sei disso pelo calendário dos vizinhos. há dias em que nasço incógnito. só a minha mãe me conhece. até a parteira me confunde com a mercearia de um planeta vindouro. quando a minha mãe sofre muito é bom sinal. há uma simetria enterrada na dor que se parece comigo. não sei se é lei se é destino mas as origens estão a chegar ao fim. as coxas ensanguentadas. a parteira desvairada. eu a rir como se fosse uma nota de rodapé promovida a texto. quando as felicitações chegam a minha mãe tem de as agradecer logo porque se se atrasar confundem-se com pêsames. até eu me confundo porque tudo me diz respeito ao mesmo tempo. só a minha mãe sabe em que direção estou parado. também não admira. todos os dias lhe avivo a memória com a pedra muda que se solta dela. o meu problema é ter de esquecer sem antes me ter lembrado. não há um descanso central. todo o cansaço é terminal. metade do dia são andaimes e a outra metade escombros. os entardeceres são assustadores porque desligam os fusíveis da manhã. o sol a cair entre a ramaria num ninho donde nunca mais sai deve ser uma sensação estranha. estar triste sabendo que todos continuam a ser transportados para a alegria onde há sempre cadeiras vazias. e tudo isto me sucede tão jovem e inexperiente. há dias em que choro muito quando me deixam entre livros e arquivos púbicos. não nasci para assuntos com bigodes muito menos genitais. grito até que me venham buscar. dizem-me que sou rabugento. sou líquido e raso. a rua da alegria é muito sólida e íngreme. e muito lenta. não subo mas uso a lentidão para cobrir móveis. os móveis cegos também me reconhecem porque têm cães. tenho pena da minha mãe. a ter que me afagar entre coelhos e favas e hortaliças e estrume. a minha mãe é uma senhora e eu faço dela uma cláusula infinitamente disponível. parideira incontinente. não fui capaz de nascer por inteiro e de uma vez. ficam sempre órgãos por nascer. diferentes todos os dias. mas sinto a falta e a dor e a incapacidade e a deficiência. não sei por que há sempre mais por nascer cada vez que nasço. sou um estranho e estou à disposição de qualquer deus vingador. novo todos os dias. há quem me ache parecido por isso. em verdade não sei e a minha mãe muito menos. nascido entre tantos nascimentos. sou um anónimo interior. contenho multidões do mesmo resumo. estou feito à medida de índices. siglas de preferência. tudo o que é por extenso é inconsistente. são andores de procissões estáticas que se movem na minha ausência. suspeitam dela. é verdade que frequentemente me ausento sem ter acabado a mamada. como cheguei aqui eis a questão. vou de ambulância em ambulância. talvez apenas me esqueça de estar presente. não gasto dinheiro em estacionamento. os parquímetros são eternidades repetitivas. sei que me estão a investigar. os meus inimigos não têm muito tempo para intrigar. já passei quando os golpes caem. não aproveito nada deste estádio último de embrião. de relance a fruta madura é verde. de todo o modo envelheço enquanto mastigo. gosto de projetos. só tenho tempo para primeiras versões e provas de livros improváveis. e tenho de contar que entre sair e entrar na minha mãe perco parte do tempo que me dão. a minha mãe é útero e cemitério e como disse não tenho experiência de embrião em embrião. quando terminar esta frase não é só ela que termina. nenhum fio ata as horas umas às outras. é preciso reforçar os relógios. dão-me dores excruciantes e para-me a digestão. grito por socorro, agarro-me desesperadamente ao facebook. só porque me lembrei disto é que me lembro desta hora da vida. apesar de à mesma hora toda a gente que conheço estar enterrada em caixões cheios de acessórios. orgânicos. a minha mãe descobriu que eu era um célula estaminal pluripotente. por isso quer que tome muito ar livre. saímos de manhã vamos à belegada amanhã serão as hortas depois o olival o cabeço o quintal a piçarra e a ribeirinha. não sei como não me perco entre tanto pasto tão diverso. depois chego ao trabalho menininho. e tudo termina em papa com muitos acidentes todos indiferentes. hoje por exemplo tenho a mão a fazer de pénis o pénis de cadafalso e a pensar com uma perna só. querem que eu seja erudito. mas eu não consigo vestir a roupa toda. nem sequer a que trago no corpo. que invoque a tradição. não tenho peso para isso. vou com qualquer raiz. sou uma pobre célula estaminal. a minha mãe acha muito natural que eu saiba e não saiba. mas eu não tenho idade para a inconsistência. eu sou literal está tudo dito. à superfície e a nu. os meus interiores são dados aos nossos cães todos os dias. eles sabem do que ladram. os seios da minha mãe estão pendurados por toda a cidade. nunca se sabe onde e quando preciso de mamar. são urgências após urgências. todas em alerta máximo. e todas a soar no meu umbigo. se estou aqui por tão pouco bem podiam deixar-me em paz. a minha mãe foi à bruxa. a dona isaltina. boaventura tens quebranto dois to puseram três to hão de tirar se eles quiserem bem podem são as três pessoas da santíssima trindade. disse-lhe que era melhor eu entrar num preservativo por ser muito jovem e não estar contaminado. podia ser usado por outros para terem prazer através de mim por razões de higiene. atuo à flor da pele. deslizo. a minha gravidez não teve consequências até agora. mas está a mudar. sinto orgasmos suicidas a despedirem-se com os epitáfios às costas. órbitas doidas e dores muito estranhas não desintegram nem arrasam. são aleluias de partos devolvidos. estou a dar à luz a minha mãe.

Autorretrato a partir de materiais para uma escultura de Pedro Cabrita Reis

centro de gravidade alto
                        assimétrico
pode ser pendurado em tenda de linguagens
moldado em gesso-bronze
centro de gravidade baixo
a flutuação das possibilidades
                        mínima
face dupla talvez tripla
possibilidades de empacotamento
                        muitas
faz sentido mas é mistério
habituado a mais dimensões
do que é normal e a mais excessos
decorativo mas prático
como encomenda postal
facilmente manchado e desmanchado
descartável
dobrável e desdobrável
prático como uma parede branca
por exemplo interessante
em arquitetura o equivalente seria
                        a cabina de voto
transparente sub-reptício
                        fiável tecível
a exposição às escuras
como qualquer indecifrável cegueira
                        pedra bruta e canteiro
                        planos disfuncionais
artesanato em plena autoestrada
sobretudo desenhos vazios

tirados dos catálogos para a vida
                do museu para a rua
peças impetuosamente separadas
                e unidas na cama
sedes opostas
                que se matam juntas
geometria descartável
                verdade dos materiais à superfície
                nervura gravada à saída de casa
                ereto em inspirações doidas
alugador de tapeçarias humanas
validade e tamanho oscilantes
com vida interna crescimento orgânico
verdade só do gesso
quase sempre em momento
de desproporção
no começo um toque final
no fim metade do que há de vir
em exposição permanente
figuras em conversação em confrontação
artista visual com treino de mineiro
                background
                        quase só background
materiais tradicionais
                aterrados com a mudança
de posições
uma legião de operários de fundição
para um gesto aéreo
                estúdio interrompido
escultura improvisada
                cera quente em água fria muito fria
tamanho natural por pouco tempo
                contra um fundo vivo
ligeiramente estilizado
                gráfico como a arte gráfica da ênfase
alusivo arquitetura ambiental

falando de pornografia
                bricolage não assemblage
ajustamentos mínimos
                para caber no mundo
máscara facial
                contentor flexível
regressado de todas as crises humanitárias

a prova
                é ser eliminado

Autorretrato de um retrato

Não usa heterónimos e mesmo do ortónimo só usa metade para economizar a identidade Chega a escrever poemas com dez por cento de si Não está preparado As manhãs terminam minutos antes para não o embaraçarem É solúvel em dias de chuva e volátil em dias de vento Não dispõe de mapas O alfaiate mais temido da sua infância tirava medidas para durar Não gosta de praias por não terem sótãos Tem saudades dos sinais de trânsito manuais Verdadeiramente só é contemporâneo dos equívocos do tempo das epidemias medievais que passaram e estão para vir disto e da falta disto Pedro Álvares Cabral 32 anos podia ser pai dele Os palmares desgrenhados as dores inevitáveis dos séculos as falésias a sangrar índios e negros lavadas por tanto mar Está a perder a visão sem a compensar com outras visões Corre o risco de ficar cego da cegueira Os seus órgãos não esperam por ele Homens fornicam dentro dele as mulheres que lhe pertencem Homens gritam de gozo por baixo das mulheres deitadas a seu lado Quando tiver uma namorada que chova comprará um guarda-chuva Até que isso aconteça o mundo está cheio de alpendres telhados e outras proteções para infelizes Colecionador obsessivo de adivinhas O face a face é horrível sem espelhos nem óculos sem máscaras nem andaimes Os espelhos foram no lixo da véspera com os pilares do orgulho e o sexo devido desfeito em saliva Tanta presença é insustentável Vive as horas mesmo as menos pontiagudas a pensar que chegou a hora Quando a dor de cabeça lhe chega aos joelhos senta-se afaga-se e espera que tudo volte à proporção Inusitadamente toca-se e quando o faz o que sente não está em si Põe os gritos numa carta e sossega enquanto as letras explodem O sono restitui-lhe a normalidade Sente-se só quando não está só Sente-se prejudicado pelo movimento das nuvens Escreve nas nuvens até à meia-noite depois descansa até que as ideias chovam torrencialmente Gosta de solilóquios de pedras espirituais porque antecipam ruínas Está sempre na iminência de voltar a ser o que foi Envelhece segundo a forma de não envelhecer

Nunca se vê no seu próprio espelho por não confiar Prefere dois outros espelhos que usa segundo as circunstâncias o espelho do ainda não é o espelho do já não O seu corpo só coincide com o sexo anterior tudo o mais são descoincidências e o disfarce das fraturas que provocam Nenhuma radiografia se deixaria enganar Gostava de ser famoso fazendo o contrário de quem é famoso Vai visitar a família mas fica a quilómetros de distância para a ver melhor A inteligência está a desenvolver um projeto Não olha por ele não olha para ele não o acaricia Fica noites em claro à espera que o venha ver A inteligência não tem tempo Herdeiro de todas as causas do mundo carrega memórias de que não se lembra Fica horas incompleto rodeado de puzzles inconscientes com vertigens nas articulações suspenso nas ravinas desenhadas à mão *action painting* de Pollock É uma parede que vai caiando de branco No fim assina para que se distinga do que não disse Não há cumplicidade possível só mesmo caiação até cair a ação Peca à janela na esperança que alguém o denuncie Os olhos esbugalhados para dentro não o deixam saltar senão para onde está Sente as calças do mundo desapertarem-se sem perderem a intimidade Há dias que só ouve meias notícias sem olhos nem pernas o silêncio em silêncio o tráfego dos semáforos as medidas simples que convencem sem argumento Descansa quando os músculos se distraem entre si Frequentemente o sol toma a refeição da tarde nos seus braços A sua loucura é controlada por outra loucura que o manda ser razoável num mundo louco É um caçador obsessivo de etiquetas foragidas da 5ª Avenida Escreveu ao papa para não ser beatificado É um *et cetera* da história Não pode dizer aos seus contemporâneos que só vale a pena quando a alma é tão pequena que não assusta tê-la Fazer bem cansa-o fazer mal assusta-o vai descansando entre cansaço e cansaço entre susto e susto Vive e escreve com duas mãos o que a mão esquerda distribui ou manifesta a mão direita retém ou silencia Tem perdido qualidades Costumava ler mensagens desalinhadas nos lençóis Era assim no tempo das construções vermelhas das manhãs sobrepostas sem tempo para anoitecer a imodéstia dos títulos os cartões de visita com vários metros de comprimento Os propósitos pendem de árvores demasiado altas só podem ser colhidos quando caem no chão Em desequilíbrio nos muitos patamares da cama atravessa o corpo e aflora noutro lugar Planta cedros para as mortes mais diminutas mas até a fruta penúltima chega à noite sem motivos cansada dos interiores e dos orgasmos improvisados Só a boca que come amoras fica ensanguentada Carrega corpos com muitas incumbências Sempre que vai à casa de banho a casa de banho volta com ele com medo de perdê-lo A violência solta dos impulsos debruça-se depois penetra fundo Quando come pensa mais no prato que na comida quando caminha mais nas pedras que nos passos A complicada dicção do que diz dissipa-se como um relevo demasiado pequeno para vir no mapa Usa diluentes para desaparecer transforma-se em algo viscoso ninguém o reconhece apesar disso as pessoas sentem-se incomodadas pela sua presença umas sentem-se húmidas outras veem tudo enevoado outras têm tonturas outras simplesmente pensam que estão a ser tocadas pelos primeiros ventos do apocalipse Os armários superiores dos seus espíritos estão vazios Os motores satisfeitos dos automóveis enchem-no de inveja Tropeça em ruínas ínfimas indecifráveis como o céu azul Às vozes invioláveis que o interrogam responde com pedras nos olhos iguais às perguntas que lhe fazem Alguém lhe bateu ao contrário dói-lhe não doer alguém não o está a magoar Há um sentido que está a fazer falta ao sentido Só frequenta lugares para os lugares o frequentarem Tudo ocorreu porque aos tempos decisivos faltaram circunstâncias à medida Lembra-se mas não se recorda Sabe que morrerá no exato momento de um novo começo Para ele o infinito tem duas estações a das ondas e a das pedras assim tudo muda mesmo o que permanece O modo como os restos das núpcias fazem regressar os relevos às paisagens é um desastre mas não é mortal Sucede a si próprio para não magoar ninguém É um calendário mas sofre por não poder alterar a sequência dos dias A criatividade nunca entrou nos seus hábitos Quando ninguém lhe bate à porta ele próprio bate e as vezes abre As suas aflições pedem auxílio urgente as brigadas internacionais chegam e partem sem abrir as mochilas nem descarregar os arsenais umas dizem que não o viram outras que ele não as deixou descarregar outras ainda que o lugar estava apinhado de mais para se distinguir aflição de auxílio Não sabe viver apenas para estar vivo o excesso aumenta-lhe a vida e a morte Dorme debaixo dos viadutos da agitação diária Pela primeira vez viu simultaneamente o ponto de partida e o ponto de chegada decidiu ficar imóvel à espera do que se aproxime mais Não sabe ser praticamente humano Às vezes explode por dentro como se algum órgão ou ideia decidisse ser bombista-suicida No dia seguinte conversa com o telemóvel como se nada se tivesse passado Às vezes vai até à praia em busca de ventos violentos que o desorganizem Só respeita a bandeira do ar Dá os bons-dias à noite para ela acreditar na eternidade Sabe precisamente o que lhe falta apesar de ter tudo Não é ébrio toma a realidade em doses calculadas para ferir devagar Está sempre preparado para que verdadeiramente nada lhe aconteça É um sinal mas não sabe de que trânsito Vive as vitórias como derrotas por uma questão de precaução Não sabe calcular os riscos cada passo ou é metade ou o dobro doutro A prisão vai ao seu domicílio e diz-lhe o que deve fazer e não fazer para continuar livre Não é suficientemente humilhado para poder ser herói Deu tanta confiança que ficou sem nenhuma Dirige os seus tumultos em jogos de vídeo Para onde quer que vá vai acompanhado de uma inabarcável companhia Usa pensamentos despenteados mas à custa de muito gel Chora ao ler os versos dos cães abandonados Vive numa cidade de fósforos apagada porque ninguém sabe acendê-los Nunca foi à escola mas está sempre a vir da escola Manda lágrimas sempre que tem portador Vai numa caravana doida uns a caminho de tudo outros a caminho de nada Treme só de pensar que o presente é isto e isto é tudo Vai à pesca sem qualquer apetrecho para não correr o risco de ser derrotado pelos peixes Todos os seus monstros lhe agradecem a estadia e partem sem disfarçar o tédio Tendo em conta todo o seu passado os seus instintos de mãe abandonada são surpreendentes Vive há anos sem cabeça está para averiguações na polícia Ajoelha-se perante as autoridades mas continua a olhá-las de cima para baixo Gostava que as flores fossem mais incómodas e os incómodos menos floridos Às vezes tem o dobro da sede outras vezes tem a sede do dobro A sua pele está tão sensível que não distingue uma carícia de uma chicotada   Tem uma dor no peito e o peito prolonga-se por praias savanas e cordilheiras   Só de pensar chora   Está a soletrar a vida para ver se dura mais   Espreita o ar horas seguidas   O ar intimida-o porque não sabe onde esconder-se   Basta uma nuvem para se despedir   Faz exercícios de psicologia instantânea para entender a mais trivial saudação   Não é normal mas os seus órgãos não têm todos a mesma idade   Decidiu rasgar os últimos anos em pedaços talvez assim voem mais   Acontece-lhe ser invadido por lençóis e almofadas livros de cabeceira comprimidos copos de água mas jura que não está na cama   Não conhece todo o corpo tem umas escadas interiores mas está proibido de as subir ou descer   A localização dos seus órgãos é incerta nem sempre vê com os olhos nem sempre anda com os pés nem sempre fala que se ouça   Está sempre duas vezes a caminho da cama uma para ir outra para não ir   Perdeu o caminho de regresso está à espera que uma memória mais perdida que ele o encontre   Depois que fala passa um spray desinfetante como medida de prevenção   A sua casa é tão grande que não é possível estar em casa   Não tem fé porque não se resigna   Só o sofá lhe faz companhia   Senta-se ao piano e espera que o piano lhe toque   Agita-se como um pássaro louco enquanto o seu tempo boceja de sono   Os moinhos excitam-no por serem um movimento parado   Custa-lhe ver tanta gente incompleta à espera que alguém a complete   Escreveu no testamento se algum dia aparecer pendurado de uma árvore declaro que sempre ali estive a certa altura devo-me ter desequilibrado   Respira mal   Não tem um discurso sustentável   Fica à espera dos primeiros sinais da alegria para poder escapar   Anda à procura de palavras fortes as que tem atualmente quebram facilmente   A grua da saúde corrente tem de o erguer dos destroços da tempestade diária   Deve ter atingido a capacidade máxima dos anos   Os anos mais recentes transbordam para lugares inverossímeis   Anda à procura de um alfaiate que o vista por dentro   Descansa nos intervalos dos conselhos prudentes e das mercadorias espirituais   O ar deve ter suspeitado dele desde então respira através das grades   Alternadamente perde de vista uma das margens   Pede aos vivos que se afastem para poder dispor dos mortos com dignidade   Está a ser catalogado por gente estranha e códigos que magoam   Os seus ouvidos têm preferência pelo que nunca foi ouvido   Planta as mãos no horizonte e deixa que cresçam   Pedem-lhe insistentemente para vir para dentro apesar de nunca ter imaginado estar fora   Para onde vai vai todo não deixa rastro   A sua sombra não permanece muito tempo presa a ele   Sente que o barco está a sair do porto ninguém mais nota   Por agora o porto vai com o barco para não ficar só   Conhece todos os desabrigos a fina camada que os encobre é acolhedora   Gosta de ver o tempo a escorrer da chávena do café ou a rebolar-se na relva como se fosse um monstro em férias   Sente o sangue a vir pedir contas no momento em que faz contas para pedir sangue   Afoga-se em água sólida e sangra com as arestas das ondas   Só estende os pés até onde chega o lençol   Sossega quando as histórias se sentam ao piano e cantam o que não aconteceu   Sai do corpo para ir à cozinha e não regressa a tempo de voltar   Sonha destroços humanos com tanta intensidade que os naufrágios normais não têm dimensão suficiente para o afogar   Gosta de despir a fruta morta   Vai deixar o último olhar a quem oferecer o maior esquecimento   Aceita propostas   Até a boca do ar o insulta   Gravaram no seu corpo a medida e a contramedida   Só tem desejos ventosos é difícil manter o penteado das satisfações   O seu objetivo é deixar uma ideia incompleta   Compara-se a uma paragem de autocarro sem destino para que haja destinos   Quer despedir-se mas já tudo se foi   São gritos lancinantes que os seus ouvidos reduzem ao tamanho do dia   Começa a ser inocente quando começa a ser culpado e vice-versa   Os seus dias estão tão cheios de raízes que é difícil caminhar   O seu dilema é ter de optar entre o que ninguém distingue   Vai juntando pedras e algum dia fará a funda e o movimento   Um deus inconsistente acusou-o de lhe fazer concorrência   Teme as consequências   O mais espesso da sua pátria não deixa que ele se veja   É vítima frequente da lua cheia   Falta-lhe um Bernini portátil para o esculpir   Confundem-no com um agente de naufrágios turísticos   Não aceita que só a morte o faça coincidir com o mundo   Tem uma febre de unidade   Quando se desmembra contra os muros é socorrido pela ambulância das páginas amarelas e a febre baixa   Tem uma só dor que dói como um ninho voador   Há demasiados conceitos-macho em volta da sua força-fêmea   Viveu erradamente mas procurou fazê-lo bem   Sente que está na hora de saudar os seus órgãos por lhe terem resistido com valentia toda a vida   Uma curva cai desamparadamente a seus pés   Olha os pés e os pés aproximam-se aproximam-se aproximam-se aproximam-se

Sobre o autor

Boaventura de Sousa Santos (Coimbra, 1940), professor jubilado da Faculdade de Economia da Universidade de Coimbra e Distinguished Legal Scholar da Universidade de Wisconsin-Madison, é mundialmente conhecido pela sua vasta obra como cientista social e pelas suas intervenções públicas enquanto intelectual ativista. Autor ou organizador de mais de 60 livros em várias línguas e coordenador de inúmeros projetos de investigação, tem lecionado em diversas universidades da Europa, das Américas, da África e da Ásia. Recentemente, foi Global Legal Scholar na Universidade de Warwick e leciona atualmente em Birkbeck College, ao mesmo tempo que profere regularmente conferências acadêmicas e intervém publicamente um pouco por todo o mundo. A sua investigação incide, em especial, sobre sociologia do direito, epistemologia, globalização, pós-colonialismo, identidades, direitos humanos, tradução e interculturalidades.

Impresso em São Paulo, SP, em outubro de 2012,
em papel off-set 75 g/m², nas oficinas da Graphium.
Composto em ITC Esprit Std, corpo 10 pt.

Não encontrando esta obra nas livrarias,
solicite-a diretamente à editora.

Escrituras Editora e Distribuidora de Livros Ltda.
Rua Maestro Callia, 123
Vila Mariana – São Paulo, SP – 04012-100
Tel.: (11) 5904-4499 – Fax: (11) 5904-4495
escrituras@escrituras.com.br
vendas@escrituras.com.br
imprensa@escrituras.com.br
www.escrituras.com.br